οδό Λάμπρου Κατσώνη ΧΑΛΑΝΔΡΙ 15233

Lambrou Katsoni Street, Halandri 15233

Spirou Merkouri Street, Athens 11634

Ὁδὸς Κερκύρας ΑΘΗΝΑ 11362

Kerkiras Street, Athens 11362

Λεωφόρος Βουλιαγμένης ΑΘΗΝΑ 11636

οδό Ιπποκράτους ΑΘΗΝΑ 10679

Ippokratous Street, Athens 10679

οδή Σόλωνος ΑΘΗΝΑ 10678

Solonos Street, Athens 10678

Imittou Street, Athens 11635

Οδός Ακαδημίας ΑΘΗΝΑ 10679

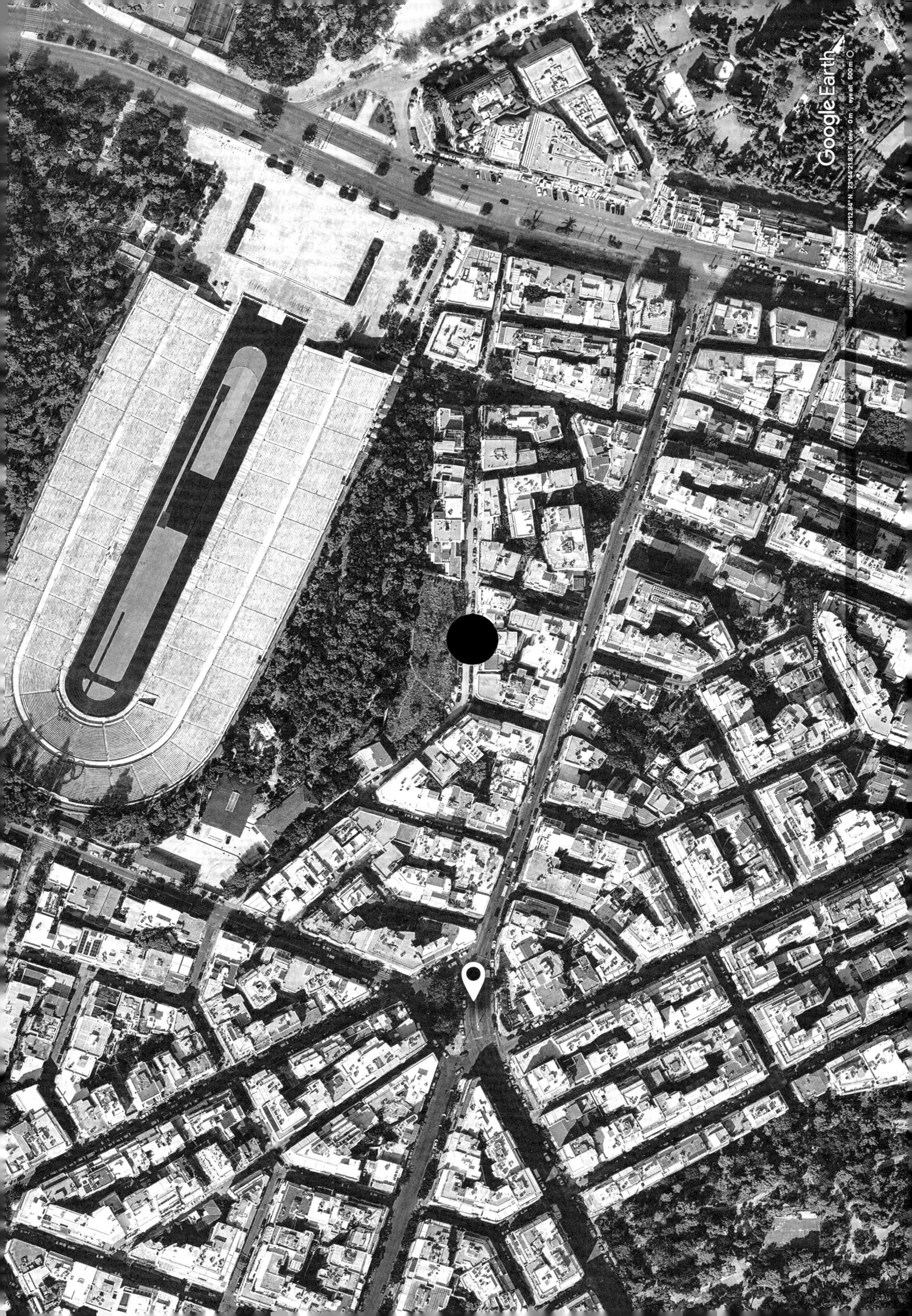

ὁδὸς Ἐρατοσθένους ΑΘΗΝΑ 11635

Eratosthenous Street, Athens 11635

Όδός Σόλωνος καί Λυκαβηττού   ΑΘΗΝΑ 10673

Leoforos Alexandras, Athens 11473

Οδός Κωνσταντίνου Σμολένσκυ ΑΘΗΝΑ 11473

Konstantinou Smolenski Street, Athens 11473

Ichalias Street, Athens 11474

Λεωφόρος Βασιλέως Κωνσταντίνου   ΑΘΗΝΑ 11635

Leoforos Vasileos Konstantinou, Athens 11635

Λεωφόρος Μεσογείων   ΑΘΗΝΑ 11527

Οδό Πατριάρχου Ιωακείμ   ΑΘΗΝΑ 10675

Patriarchou Ioakeim Street, Athens 10675

Λεωφόρος Πεντέλης ΒΡΙΛΗΣΣΙΑ Ν238

οδός Σόλωνος ΑΘΗΝΑ 10672

οδό Σοφοκλέους ΑΘΗΝΑ 10552

Sofokleous Street, Athens 10552

οδός Άθηνάς ΑΘΗΝΑ 10551

Sofokleous Street, Athens 10551

Οδός Άρμένη Βραίλα   ΑΘΗΝΑ 11473

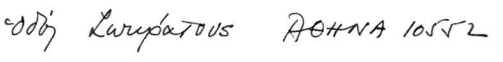
Sokratous Street, Athens 10552

Οδός Ἀθηνᾶς ΑΘΗΝΑ 10551

Οδὸς 3ης Σεπτεμβρίου   ΑΘΗΝΑ 10433

Λεωφόρος Βουλιαγμένης   ΕΛΛΗΝΙΚΟ   16777

οδός Ριζάρη ΑΘΗΝΑ 11634

Οδός Μιχαλακοπούλου καί Βασιλέως Ἀλεξάνδρου   ΑΘΗΝΑ 11634

Michalakopoulou Street and Vasileos Alexandrou Street, Athens 11634

Οδός Κωνσταντίνου Παλαιολόγου ΧΑΛΑΝΔΡΙ 15232

Ὁδός Γενναίου Κολοκοτρώνη ΑΘΗΝΑ 11741

Οδός Φραγκλίνου Ρούζβελτ ΠΕΡΙΣΤΕΡΙ 12134

Λεωφόρος Ηλιουπόλεως ΑΘΗΝΑ 11631

οδός Ευρυπίδων   ΑΘΗΝΑ 11474

Οδός Ἀρχιμήδους   ΑΘΗΝΑ 11635

Λεωφόρος Βασιλέως Γεωργίου Β΄ ΧΑΛΑΝΔΡΙ 15232

Leoforos Pentelis, Vrilissia 15238

Ἀττική Ὁδός ΜΑΡΟΥΣΙ 15122

Οδός Στρατηγού Μακρυγιάννη ΑΓΙΟΣ ΙΩΑΝΝΗΣ ΡΕΝΤΗ 18233

Λεωφόρος Πέτρου Ράλλη ΑΙΓΑΛΕΩ 18233

Λεωφόρος Συγγρού   ΑΘΗΝΑ 11745

Λεωφόρος Μεσογείων και Φειδιππίδου ΑΘΗΝΑ 11527

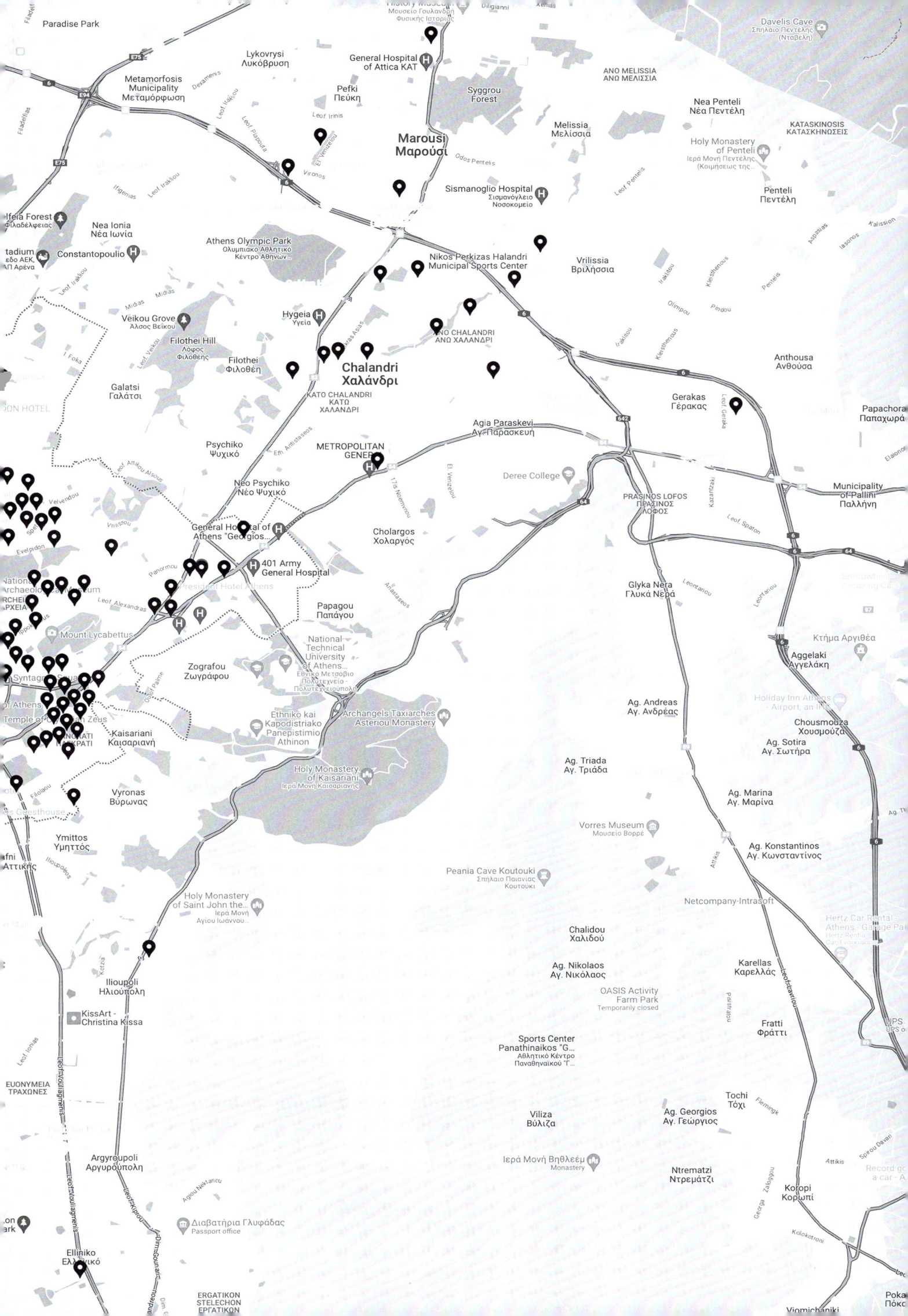

Οδός Αγίου Κωνσταντίνου   ΑΘΗΝΑ 10431

Οδὸς Σαρανταπόρου ΑΘΗΝΑ 11144

Οδός Φωκίωνος Νέγρη ΑΘΗΝΑ 11361

Fokionos Negri Street, Athens 11361

If not brought down by bom
                    Burnt, or strick
        Houses outlast man.

   If spared from war
         Not claimed by accident
                    or sickness
         Man outlives houses.

    Yet, in their lasting endurand
              Houses lie dormant,
         To bear witness to their e

Τὰ σπίτια ἂν δὲν γκρεμισθοῦν ἀπὸ
βομβαρδισμὸ
Ἂν δὲν καοῦν, δὲν πέσουν ἀπὸ σεισμὸ
κρατᾶνε περισσότερο ἀπὸ τοὺς
ἀνθρώπους

Οἱ ἄνθρωποι ἂν δὲν σκοτωθοῦν
στοὺς πολέμους
ἂν δὲν εὕρουν πρόωρα ἀπὸ δυστύ-
χημα ἢ ἀρρώστεια
ζοῦνε περισσότερες ζωὲς ἀπὸ τὰ σπίτια.

Ὅμως τὰ σπίτια ὅσο καὶ ἂν κρατήσουν
μένουν βουβὰ ἂν δὲν ὑπάρχουν
ἐπιζῶντες
γιὰ νὰ ξεκινήσουν.

Τίτος Πατρίκιος

Ὁδὸς Σπύρου Μερκούρη ΑΘΗΝΑ 11634

Οδός Θεοδώρου Γεωμέτρου ΑΘΗΝΑ 11743

Οδός Κατσικογιάννη ΑΘΗΝΑ 10554

Katsikogianni Street, Athens 10554

Οδός Φρέντερικ Τσέντνερ ΝΕΟ ΨΥΧΙΚΟ 11525

Spirou Merkouri Street, Athens 11634

Οδός Φρέντερικ Τσέντνερ Νέο Ψυχικό 11525

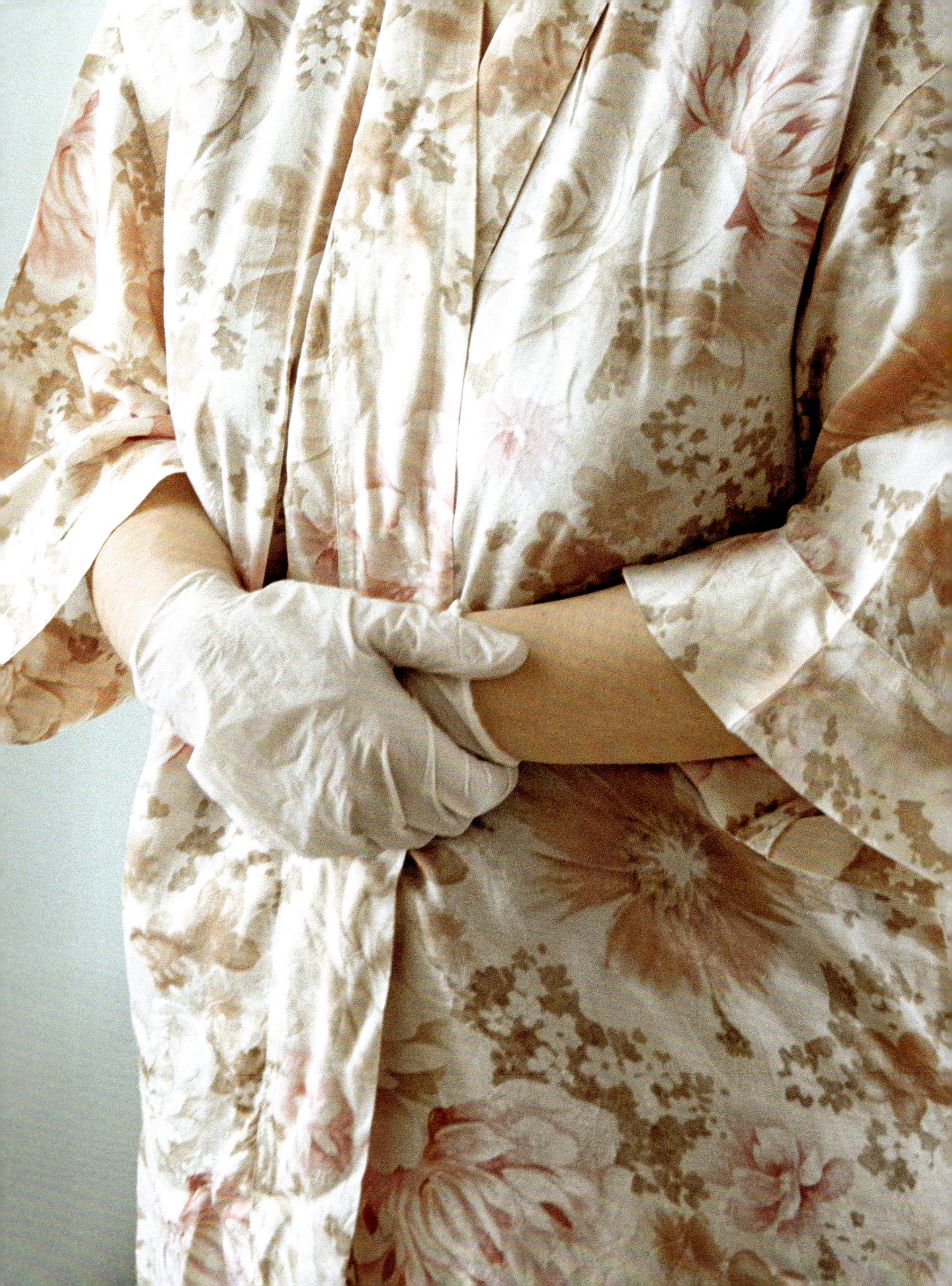

Οδός Θεοδώρου Γεωμέτρου ΑΘΗΝΑ 11743

Οδός Λασκάρεως ΑΘΗΝΑ 11473

Laskareos Street, Athens 11473

Οδός Λασκάρεως ΑΘΗΝΑ 11473

Laskareos Street, Athens 11473

Οδός Πατριάρχου Ιωακείμ ΑΘΗΝΑ 10675

οδός Ἀριστοτέλους ΑΘΗΝΑ 10433

Οδός Ρηγίλλης ΑΘΗΝΑ 10674

Rigillis Street, Athens 10674

Οδός Προφήτη Ηλία ΧΑΛΑΝΔΡΙ 15233

Οδός Πετρόμπεη Μαυρομιχάλη ΑΓΙΟΣ ΔΗΜΗΤΡΙΟΣ 17341

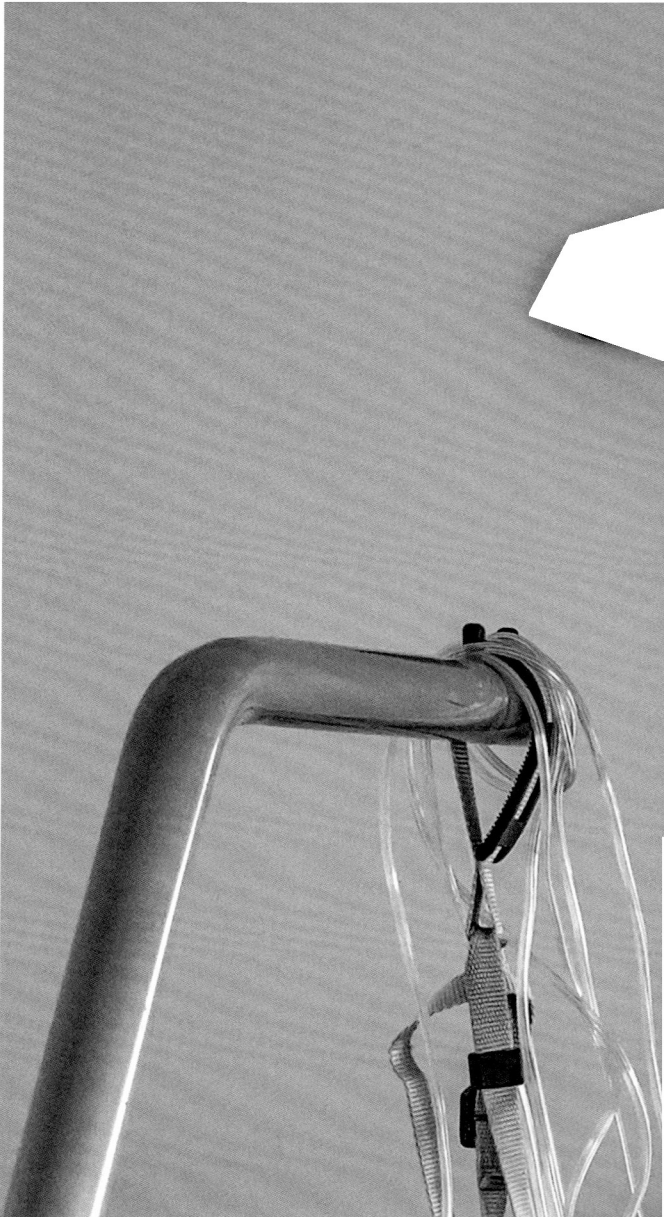

Οδὸς Λάμπρου Κατσώνη ΑΘΗΝΑ 11471

Οδός Πίνδου ΚΗΦΙΣΙΑ 14561

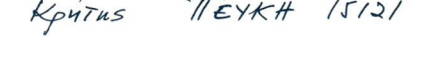

Kritis Street, Pefki 15121

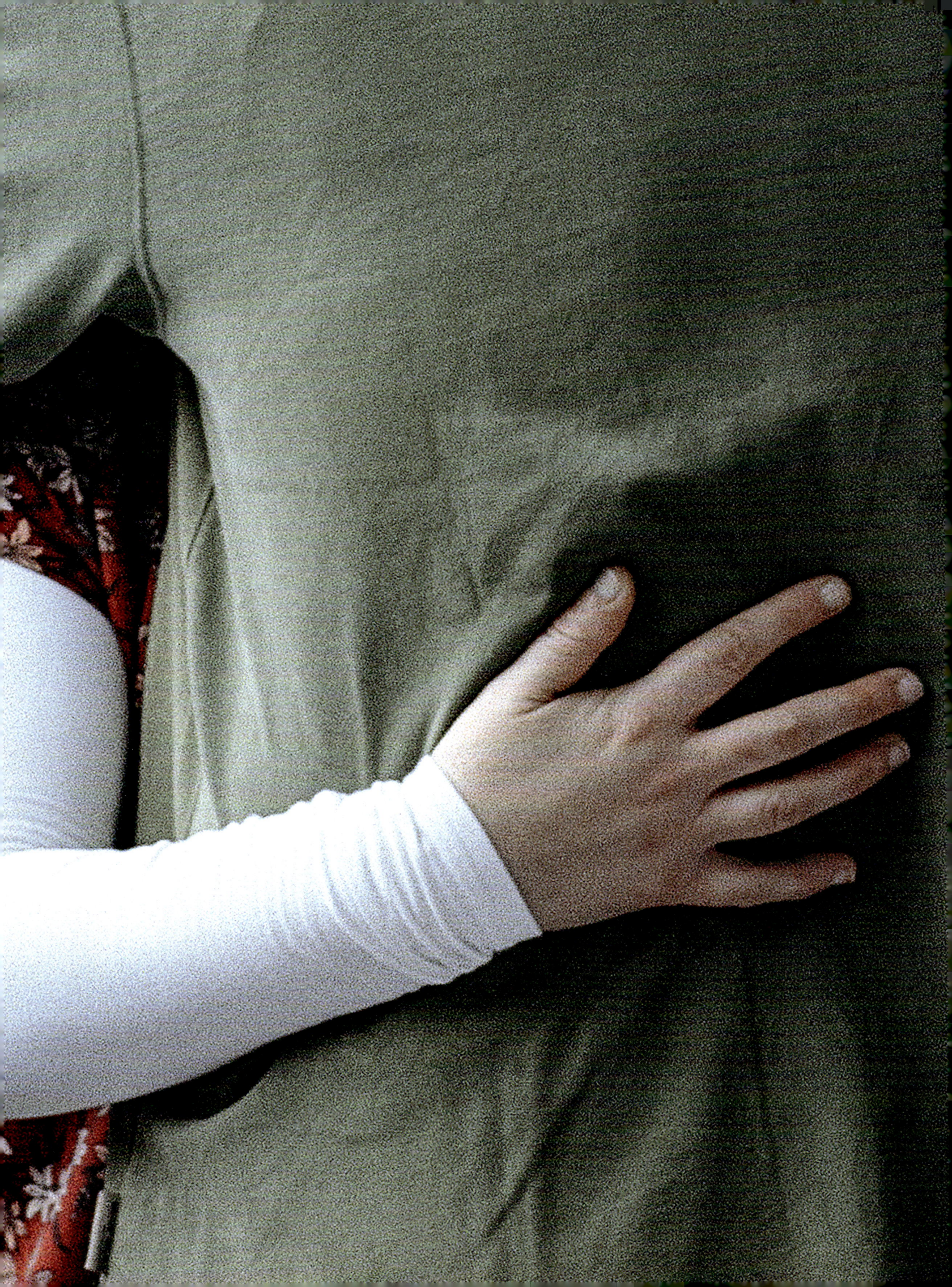

Ὁδὸς Ἑρμιόνης ΑΘΗΝΑ 11635

Ὁδός Ἀχαρνῶν ΑΘΗΝΑ 10446

Acharnon Street, Athens 10446

Οδός Οδυσσέα Ανδρούτσου ΝΙΚΑΙΑ 18453

Οδός Θερμοπυλών   ΠΕΡΑΜΑ 18863

Thermopilon Street, Perama 18863

Rêve athénien

Σταύρος Αλιφραγκής, αρχιτέκτονας

Non d'arbres, mais de colonnades / Όχι με δέντρα, αλλά με κιονοστοιχίες
Les étangs dormants s'entouraient / Τα κοιμισμένα έλη κυκλώνονταν [1]

Η τέχνη έχει το μοναδικό προνόμιο να επικοινωνεί εύγλωττα τις λεπτές αποχρώσεις της ιστορικής εμπειρίας αλλά και να αντανακλά κριτικά το κοινωνικό και πολιτικό περιβάλλον μέσα στο οποίο προσπαθούμε να οργανώσουμε τη χορογραφία των καθημερινών μας συνηθειών όσο πιο καλαίσθητα και ουσιαστικά γίνεται. Ο εντοπισμένος χώρος του καμβά, αλλά και ο χώρος της βιωμένης εμπειρίας, που αναδύεται ως απτή δυνατότητα στο πλαίσιο μιας εικαστικής εγκατάστασης ή ενός καλλιτεχνικού δρώμενου, αντιστοιχούν σε αυτό που ο Michel Foucault όρισε ως πραγματοποιημένη ουτοπία·[2] εκθέτουν τους πραγματικούς χώρους, την επικράτεια της καθημερινότητας, όπου εκτυλίσσονται οι ζωές μας με μηχανική επανάληψη, ως τα δύσβατα τοπία μιας αδιάκοπης υπαρξιακής εξερεύνησης. Η φωτογραφία ειδικότερα, με τη χαρακτηριστική ικανότητά της να περικλείει την κοινωνική μνήμη εγγεγραμμένη σε ανθρωπογενή τοπία, όπως υποστηρίζει πειστικά ο Γερμανός κριτικός του πολιτισμού Siegfried Kracauer,[3] έχει καταφέρει με την πάροδο του χρόνου να οξύνει τα ρητορικά εργαλεία μέσω των οποίων αποτυπώνει και ανακατασκευάζει τους χώρους, όχι ως απόλυτες ευκλείδειες γεωμετρίες ή καρτεσιανά τρισδιάστατα επίπεδα, αλλά ως δυναμικά περιβάλλοντα που αντηχούν την ολότητα της ανθρώπινης ύπαρξης, δηλαδή, ως υπαρξιακούς χώρους που συγκεκριμενοποιούνται στην ίδια τη δομή των αρχιτεκτονικών χώρων που μας περιβάλλουν. Σύμφωνα με τον Νορβηγό αρχιτέκτονα και θεωρητικό της αρχιτεκτονικής Christian Norberg-Schulz,[4] το χαϊντεγκεριανό «εν-τω-κόσμω-Είναι» εκφράζεται σαφέστερα μέσα από σχετικά σταθερά περιβαλλοντικά σχήματα (δηλαδή, τις πολιτισμικά καθορισμένες εμπειρίες μας με τα πράγματα) —ή μέσα από περιβαλλοντικές εικόνες (δηλαδή, τις νοητικές κατασκευές του εξωτερικού φυσικού κόσμου)— που συνίστανται τόσο από αφηρημένες (τοπολογικά ή γεωμετρικά στοιχεία) όσο και από συγκεκριμένες (περιβαλλοντικά στοιχεία) ιδιότητες. Η αναλυτική διάγνωση του Norberg-Schulz για τη στοιχειώδη δομή του υπαρξιακού χώρου μπορεί να συνοψιστεί σε ένα καταλυτικό τρίπτυχο: «εγγύτητα» (κέντρα και τόποι), «συνέχεια» (κατευθύνσεις και διαδρομές) και «οριοθέτηση» (περιοχές και τομείς). Αυτό μεταπλάθει την εμπειρία του «"γνωσιακού" μας κόσμου των αφηρημένων σχέσεων» σε μια περιεκτική, συντεταγμένη, δομημένη και επομένως ουσιαστική ολότητα που διαπερνά την ιεραρχημένη διαστρωμάτωση του χώρου, από την κλίμακα του γεωγραφικού επιπέδου, στο τοπίο, στο αστικό επίπεδο, στο σπίτι και, τελικά, στο πράγμα. Ωστόσο, παρά το γεγονός ότι ορισμένες υποδιαιρέσεις και επιμέρους οριοθετήσεις είναι πάντα παρούσες –σε πείσμα της προτίμησης της νεωτερικότητας για «"ουδέτερους" ρευστούς χώρους»– ανάμεσα στη μικροκλίμακα του πράγματος και τη μακροκλίμακα της γεωγραφίας, ο υπαρξιακός χώρος περιγράφει μια μοναδική κατάσταση ταυτόχρονης αντίληψης της ολότητάς του, όπου κάθε επίπεδο αφενός αντικατοπτρίζει τις άλλες κλίμακες, εξαλείφοντας τις μεταξύ τους ασυνέχειες, αφετέρου ενσωματώνεται σε αυτές. Κατά συνέπεια, θα μπορούσαμε να ισχυριστούμε ότι η αμφισημία, ακόμη και η αντίφαση, είναι δύο από τις συγκροτητικές πραγματικότητες της εμπειρίας της υπερ-νεωτερικότητας. Ιδιαίτερης σημασίας, όπως θα φανεί στη συνέχεια, είναι η σύνθετη και δυναμική διάδραση ανάμεσα στο εσωτερικό της κατοικίας (δηλαδή, στο επίπεδο του σπιτιού) και στον δρόμο (δηλαδή, στο αστικό επίπεδο).

Η συστηματική διερεύνηση του αστικού επιπέδου ως οπτική συνείδηση έχει προσδιορίσει ένα πεδίο δημιουργικού πειραματισμού με την επικοινωνιακή δύναμη των διάφορων αναπαραστατικών μέσων ήδη από τον 17ο αιώνα, αρχικά με την εξαιρετικά λεπτομερή –αν και όχι απαραίτητα γεωγραφικά ακριβή– τέχνη του *vedutismo*· τη ζωγραφική παράδοση που, πέρα από τους χάρτες και τα τοπογραφικά διαγράμματα, τροφοδότησε το αστικό φαντασιακό με έναν ιδιαίτερα νεωτερικό τρόπο απόλαυσης της πόλης μέσα από επιμελώς σκηνοθετημένες απόψεις της ζωής στους δρόμους.[5] Αντλώντας από την ιδεολογική και επιστημολογική παρακαταθήκη του αναγεννησιακού προοπτικού χώρου, οι *vedute* ουσιαστικά αξιοποίησαν το βάθος, την πιο «υπαρξιακή» χωρική διάσταση κατά τον Γάλλο φιλόσοφο Maurice Merleau-Ponty,[6] ως έναν ισχυρό αφηγηματικό μηχανισμό, μια τεχνική χωρικής αφήγησης που παρασύρει τον ανυποψίαστο θεατή στον μικρόκοσμο της πυρετώδους αστικής ζωής. Στη φαινομενολογία της αντίληψης του Merleau-Ponty, η έννοια του βάθους –δηλαδή, «η παρατακτική διάταξη των συγχρονικών σημείων σε μία μόνο κατεύθυνση, που είναι η κατεύθυνση του βλέμματός μου»– αντιπροσωπεύει «έναν ορισμένο αδιάσπαστο δεσμό» ανάμεσα στον φυσικό κόσμο και τον εαυτό, διαδραματίζοντας έτσι βασικό ρόλο στην περιγραφή της οντολογίας της «σάρκας». Το βάθος μάς επιβάλλει να εμπλακούμε στην υλική πραγματικότητα του κόσμου μας μέσω της σωματικής μας ύπαρξης και, επομένως, μάς αναγκάζει να αμφισβητήσουμε τις προκαταλήψεις μας για το κόσμο. Αυτή η μεταμόρφωση του προοπτικού χώρου σε υπαρξιακό χώρο, δηλαδή, σε τόπους που προσδίδουν στους χώρους την ουσία τους, σύμφωνα με την οπτική του Martin Heidegger,[7] έχει υπάρξει σταθερή συνιστώσα της νεωτερικής καλλιτεχνικής δημιουργίας, όπως διαφαίνεται από την υπαινικτική αντιμετώπιση του βάθους στην τέχνη, η εύπλαστη εκφραστικότητα του οποίου μπορεί ίσως να εκτιμηθεί περισσότερο μέσα από τον χειρισμό του βάθους πεδίου στην αρχιτεκτονική φωτογραφία ή τη φωτογραφία δρόμου. Υπό αυτήν την έννοια, το βάθος μάς επιτρέπει να «κατοικήσουμε» την αδιόρατη «αποφασιστική στιγμή» της φωτογραφίας, μετατρέποντας έτσι τους δισδιάστατους χώρους του φωτογραφικού χαρτιού σε τοποθεσίες συμπερίληψης και ενσωμάτωσης, σε τόπους, δηλαδή, ουσιαστικής σχέσης με τον κόσμο. Ωστόσο, για τον Heidegger, η έννοια του τόπου συνδέεται άρρηκτα με μια ακατάπαυστη διαπραγμάτευση μεταξύ τόπου και ορίου, που εδώ νοείται τόσο ως επιφάνεια όσο και ως χώρος. Σε αυτήν την περίπτωση, οι προσόψεις των κτιρίων, συγκεκριμένα οι χώροι-κατώφλια του παραθύρου και του μπαλκονιού, όπως θα δούμε πιο κάτω, λειτουργούν, κατά κάποιον τρόπο, ως το κρίσιμο πεδίο μάχης μιας ανελέητης υπαρξιακής αναζήτησης περί ταυτότητας και περί του ανήκειν.

Το ξέσπασμα της πανδημίας COVID-19, που πολιόρκησε τον πλανήτη στο σύνολό του στις αρχές του 2020, προκάλεσε παγκόσμια ταραχή και γρήγορα εξελίχθηκε στον κύριο ρυθμιστικό παράγοντα της ανθρώπινης καθημερινότητας μέχρι και τον Μάρτιο του 2023, όταν ο Παγκόσμιος Οργανισμός Υγείας ανακοίνωσε και επίσημα τη λήξη της διεθνούς κατάστασης εκτάκτου ανάγκης. Όπως επισημαίνουν εύστοχα οι ιστορικοί, η ανθρωπότητα είχε αντιμετωπίσει και στο παρελθόν αντίστοιχα φαινόμενα, αν και σε πολύ μικρότερη κλίμακα και σίγουρα χωρίς την καταλυτική διαμεσολάβηση των ΜΜΕ και των μέσων κοινωνικής δικτύωσης. Στη διάρκεια της πανδημίας, ένας καταιγισμός πλούσια περιγραφικών εικόνων επικοινωνούσαν σε ενεστώτα χρόνο πτυχές αυτής της σημαντικής διαταραχής του αστικού βίου και τη συνεπαγόμενη απειλή για τη συνοχή των αστικών κοινωνιών σε ολόκληρο τον κόσμο, των οποίων η μόνη προηγούμενη εμπειρία με τέτοιες ακραίες καταστάσεις προερχόταν από τη δυστοπική ή μετα-αποκαλυπτική λογοτεχνία και τη φιλμογραφία του φανταστικού που μιλούν για ανθρωπογενείς περιβαλλοντικές καταστροφές και άγνωστες θανατηφόρες επιδημίες. Οι αμφισβητούμενες βιοπολιτικές των επακόλουθων μέτρων κοινωνικής απομόνωσης —με αποκορύφωμα την επιβολή της καθολικής καραντίνας, του λεγόμενου *lock-down*, και την αστυνόμευση των δρόμων και άλλων υπαίθριων δημόσιων χώρων για τυχόν παραβιάσεις της καθολικής απαγόρευσης της κυκλοφορίας— μετέγραψαν σε καταφανώς χωρικούς όρους τις πολυεπίπεδες σχέσεις διαπλοκής ανάμεσα στην πολιτική, την επιστήμη, ακόμη και τη θρησκεία. Η συζήτηση για τις συνέπειες αυτών των πολιτικών στις αστικές κοινωνίες και στις δημοκρατίες μας συνεχίζεται ακόμη και σήμερα, όπως και η επίμονη επίδρασή τους στις εξαιρετικά πολύπλοκες πραγματικότητες του συλλογικού βίου στη σύγχρονη πόλη. Το ιδιαίτερο, άυλο και εφήμερο αποτύπωμα της εξελισσόμενης επιδημίας στην πόλη δημιούργησε μια αχαρτογράφητη νοητική (με αναφορά στις ανεξερεύνητες συνέπειες της κοινωνικής αποστασιοποίησης και του αυτοεγκλεισμού στον νου) και φυσική (με αναφορά στην πρωτόγνωρη εμπειρία της ήσυχης, άδειας πόλης) επικράτεια, τα μη γνώριμα ποιοτικά χαρακτηριστικά της οποίας άρχισε να απομαγεύει σταδιακά το ευρέως διαδεδομένο μέσο της φωτογραφίας που κατέγραφε ασταμάτητα τη νέα πραγματικότητα εν τη γενέσει της. Στη συγκεκριμένη περίπτωση, όπως και σε άλλους σταθμούς στο χρονολόγιο της ανθρώπινης κατάστασης, οι εικόνες λειτούργησαν τόσο συγχρονικά, ως μαρτυρίες και ιστορικά τεκμήρια, όσο και υπό το πρίσμα της διαχρονίας, ως φορείς διαμόρφωσης της ιστορικής συνείδησης, αποτυπώνοντας την εφήμερη ατμόσφαιρα της «αποφασιστικής στιγμής» —κατά τον Henri Cartier-Bresson— και προτείνοντας, παράλληλα, τρόπους συλλογικής επιστροφής στο πρόσφατο παρελθόν μας, με στόχο την περισυλλογή μέσα από τους «αντικατοπτρισμούς» των αποθετηρίων της μνήμης, για να παραφράσω την περίφημη ρήση του Αμερικανού ποιητή, καθηγητή ιατρικής και ερασιτέχνη φωτογράφου Oliver Wendell Holmes από τη δεκαετία του 1850.

Υπάρχει πάντα ο κίνδυνος να θεωρηθεί εσφαλμένα ότι η πληθώρα τέτοιων οπτικών αφηγήσεων και ο ουσιαστικός τους ρόλος στη διαμόρφωση της συλλογικής μνήμης αφήνουν ελάχιστο χώρο για δημιουργική ενδοσκόπηση ή ποιητικό αναστοχασμό πάνω στο επίδικο, αφού και για τα δύο χρειάζεται μια ορισμένη απόσταση από το ιστορικό συμβάν και τις ειδικές, έκτακτες συνθήκες του. Στην πραγματικότητα, θα μπορούσε να πει κανείς ότι η καλλιτεχνική έκφραση ευδοκιμεί στις βαθιές εσοχές και τις αναδιπλώσεις της ζωής, τις πτυχώσεις του καθημερινού μόχθου, όπου η συνέχεια του χώρου και η γραμμικότητα του χρόνου διακόπτονται στιγμιαία, επιτρέποντας την επεξεργασία της πραγματικότητας *in abstracto*, ενώ το αυτοσυνείδητο σκεπτόμενο υποκείμενο αμφιταλαντεύεται ανάμεσα σε δύο ακραίες τιμές: από τη μια στο ατομικό και τοπικό και από την άλλη στο συλλογικό και καθολικό. Ωστόσο, κάποιες μορφές δημιουργικού στοχασμού κατάφεραν να προσαρμόσουν κατάλληλα, με την πάροδο του χρόνου, τα εκφραστικά τους μέσα και τις δυνατότητες οπτικής αναπαράστασης ώστε να αποτυπώνουν αποτελεσματικά και εν αγνοία μας την αδιάκοπη ροή της ζωής στην πόλη, τοποθετώντας τη δράση *in media res*. Αυτό ακριβώς κάνει η φωτογραφία δρόμου, όπου ο δημόσιος χώρος του δρόμου γίνεται ο φαινομενολογικός τόπος για την ουσιαστική εκδίπλωση της τέχνης. Από την αυγή, ακόμη, της νεωτερικότητας και της μητροπολιτικής κουλτούρας, η ζωή στους δρόμους υπήρξε το προνομιακό πεδίο για τη θεωρητική και την εμπειρική διερεύνηση του συλλογικού βίου τόσο για τους καλλιτέχνες όσο και για τους στοχαστές. Οι δρόμοι της πόλης επιτελούσαν ανέκαθεν διάφορες λειτουργίες, συμβολικές και πρακτικές, κυρίως ως θέατρα της εξουσίας[8] ή, πιο ορθά, «χώροι της δημόσιας εμφάνισης».[9] Πρόκειται συνήθως για χώρους κοινωνικής συνάθροισης, όπου η κοινότητα συγκλίνει για να εκφραστεί αδιαμεσολάβητα και να αναδυθεί η μεμονωμένη ταυτότητα του ατόμου με μία ενιαία φωνή μέσα από μια κοινωνία ίσων. Ο εκτεταμένος μετασχηματισμός του Παρισιού από τον νομάρχη Georges-Eugène Haussmann, στο τρίτο τέταρτο του 19ου αιώνα, ευθύνεται για μία ακόμα –ξεκάθαρα νεωτερική– εμπειρία του αστικού τοπίου. Υπέδειξε τον τρόπο για την αισθητική απόλαυση της πόλης από το επίπεδο του δρόμου επαναπροσδιορίζοντάς τον ως ένα νέο αστικό θέαμα για τις πρόσφατα αστικοποιημένες μάζες. Η μορφολογική και ιδεολογική εξυγίανση της «πρωτεύουσας του 19ου αιώνα» προκάλεσε πολυδιάστατες πολιτισμικές αντιδράσεις, με πιο χαρακτηριστική τη μποντλερική φιγούρα του πλάνητα ή *flâneur*, του ανθρώπου που περιπλανιέται άσκοπα μέσα στην πόλη, του οποίου οι γνωσιακές πρακτικές της περιήγησης στον αστικό χώρο, ιδιαίτερα στα άρτι διευρυμένα βουλεβάρτα και τη νεοεμφανιζόμενη τυπολογία της στοάς, έδωσαν νέα πνοή στη ζωή του δρόμου.

Βέβαια δεν συνιστά έκπληξη το γεγονός ότι, για τον Charles Baudelaire, η έννοια της αστικής περιπλάνησης, της *flânerie*, ενσαρκώνεται στο πρόσωπο του Constantin Guys, του Γάλλου πλάνητα-ζωγράφου, του οποίου η περιπετειώδης ζωή υπήρξε εφάμιλλη της ικανότητάς του να διακρίνει και να αποσπά «από την παροδικότητα της μόδας την ποίηση που εγκαταβιοί μέσα στην ιστορία».[10] Ο Guys συνοψίζει υποδειγματικά τον πλάνητα-καλλιτέχνη, τη φιγούρα που απαντά συχνά στην ιστορία της τέχνης ως ο ήρωας της μοντέρνας ζωής. Τα εμπρόθετα ατελή σκίτσα του Guys με θέμα τη ζωή στο Παρίσι κατά την εικοσαετία 1860–1880 απέχουν ελάχιστα από τις ατμοσφαιρικές φωτογραφίες των παρισινών δρόμων στα τέλη του 19ου και τις αρχές του 20ού αιώνα του Eugène Atget, φωτογράφου και συμπατριώτη του. Ο Atget αντιπροσωπεύει έναν διαφορετικό τύπο αντίδρασης στην εν εξελίξει εκστρατεία εκσυγχρονισμού του αστικού τοπίου, που πυροδοτήθηκε από το επιτακτικό όραμα του Haussmann. Ο Atget απεικόνισε στο έργο του το προεπαναστατικό Παρίσι (π. χ. στη σειρά «vieux Paris»), που φαινομενικά απειλούνταν από τη συθέμελη αστική ανασυγκρότηση, παρά την εντεινόμενη, ήδη από εκείνη την εποχή, επίγνωση της πλούσιας αλλά παραμελημένης ιστορικής κληρονομιάς της πόλης, όπως την εξέφρασε, για παράδειγμα, ο Victor Hugo στο μυθιστόρημα *Η Παναγία των Παρισίων* (1831), που θα μπορούσε να ερμηνευθεί ως μια έμμεση παρότρυνση υπέρ της διατήρησης της γοτθικής αρχιτεκτονικής σε έναν κόσμο που δεν έμοιαζε να την είχε πλέον ανάγκη. Η δια βίου αφοσίωση του Atget στον απαρχαιωμένο τεχνικό εξοπλισμό του καθιστούσε κυριολεκτικά αδύνατη την αποτύπωση της πολύβουης ζωής των αστικών δρόμων στις γυάλινες φωτογραφικές πλάκες του. Το ξεχωριστό αποτέλεσμα του καλλιτεχνικού εγχειρήματός του ήταν μια εντυπωσιακή συλλογή από απόψεις δρόμων, οι περισσότερες από τις οποίες δεν φιλοξενούν κανένα ίχνος ανθρώπινης ζωής, αλλά προκαλούν έντονες συναισθηματικές αντιδράσεις ακόμη και στον σύγχρονο θεατή. Οι φωτογραφίες των παρισινών δρόμων του Atget, τραβηγμένες νωρίς το πρωί, όταν μια αιθέρια, υγρή ατμόσφαιρα κάλυπτε ακόμη την πόλη, αναδίδουν τη σχεδόν απτή μελαγχολία του αστικού τοπίου που περιγράφει ο Baudelaire στην ανθολογία μικρών πεζών ποιημάτων *Η μελαγχολία του Παρισιού* (1869).[11]

Η νοσταλγία με την οποία απαθανάτισε τους άδειους δρόμους του Παρισιού ο Atget απέχει πολύ από τον καθηλωτικό τρόμο και το αίσθημα της ανοικείωσης που παράγουν οι στερεοτυπικές αναπαραστάσεις των δυστοπικών αστικών τοπίων στη δημοφιλή λογοτεχνία και τη φιλμογραφία της «φυγής». Με πνευματική καταγωγή από το ομώνυμο δοκίμιο (1919)[12] του Sigmund Freud, το ανοίκειο νοείται συχνά σε συνάρτηση με άλλες αγχώδεις διαταραχές που προκαλούν τα δαιδαλώδη αστικά τοπία της νεωτερικότητας.[13] Ο Γερμανός κοινωνιολόγος Georg Simmel και, σε έναν βαθμό, ο συμπατριώτης του, Walter Benjamin, θα συναινούσαν σίγουρα στην ιδέα ότι η συνολική εμπειρία της σύγχρονης μητρόπολης συνίσταται από μια ανελέητη επίθεση στο ψυχολογικό υπόβαθρο του αστού από τα διαρκώς ανανεούμενα εξωτερικά και εσωτερικά ερεθίσματα που προσβάλλουν ασταμάτητα τις αισθήσεις.[14] Ωστόσο, όταν το πλεόνασμα αυτών των ερεθισμάτων υποχωρεί και η ζωή στους δρόμους συμπυκνώνεται σε μια ατέρμονη επανάληψη σημείων φυγής στον μακρινό ορίζοντα, όπως στην περίπτωση των ποικίλων απεικονίσεων της πόλης στην πρόσφατη πανδημία, η αίσθηση της ατοπίας που προκαλεί το ανοίκειο έρχεται στο προσκήνιο της καθημερινότητας και η κατάσταση της εξαίρεσης διαρρηγνύει τη σφαίρα της φαντασίας και γίνεται η κεντρική ιδέα της νέας, επαυξημένης πραγματικότητάς μας.

Ο Δημήτρης Κοιλαλούς, ένας κατεξοχήν πλάνης-φωτογράφος, πέρασε σημαντικό μέρος της καραντίνας περιφερόμενος στους δρόμους της Αθήνας. Όπως οι μακρινοί «συναγωνιστές» του, ο Guys και ο Atget, ξεκινούσε κι εκείνος για την ποιητική ενατένιση της πόλης μέσω της φωτογραφικής περιπλάνησης στον σύγχρονο αστικό ιστό, νωρίς το πρωί, και συνέχιζε τη διεισδυτική του διερεύνηση μέχρι ο ήλιος να χαθεί πίσω από το όρος Αιγάλεω, αργά το απόγευμα, υλοποιώντας μέσα από την πράξη της διόδευσης τη δημιουργική γεωγραφία μιας ιδιωτικής πόλης. Ο Κοιλαλούς, με την αυθεντική περιέργεια του τολμηρού εξερευνητή που διασχίζει τη μυθική τοπογραφία μιας άγνωστης περιοχής και οπλισμένος με μια βαθιά αίσθηση σκοπού και επίγνωσης της ιστορικότητας της στιγμής, συγκέντρωσε επιμελώς, μέσα σε ένα σύντομο διάστημα 42 ημερών, ένα σπάνιο οπτικό χρονικό της παράξενης επίδρασης που είχε η πανδημία στις ιεροτελεστίες της καθημερινότητας στην Αθήνα, πάνω σε τρεις κύριες και αλληλένδετες γραμμές αφήγησης: δορυφορικές εικόνες από το Google Maps, αστικά τοπία και πορτραίτα κατοίκων της πόλης μέσα στα διαμερίσματά τους. Μια παράλληλη υποπλοκή (έγχρωμες εικόνες έρημων διαδρόμων σούπερ μάρκετ), που εισάγεται διακριτικά στο έργο του Κοιλαλού, λειτουργεί ως οπτική αντίστιξη στην τυπική απεικόνιση των αθηναϊκών δρόμων. Οριοθετημένοι κατά κανόνα με σειρές από σταθμευμένα αυτοκίνητα σε παράταξη και αραιά, διάσπαρτα δέντρα, οι ερημωμένοι δρόμοι της ελληνικής πρωτεύουσας φωτογραφίζονται με ιδιαίτερη ευαισθησία από το ύψος του ματιού και με μια ελαφρώς πλάγια προοπτική, που τονίζει τη γραμμικότητα του θέματος και τραβά το βλέμμα βαθιά στο σημείο φυγής του συμπιεσμένου αστικού ορίζοντα. Αυτό το εύκολα αναγνωρίσιμο, τυπικό μοτίβο, υπαινικτικό μιας ευαίσθητης ισορροπίας ανάμεσα στον άψυχο δρόμο και την οικιακή ζωή, που συνεχίζεται πίσω από τις αυστηρές προσόψεις των κτιρίων, μετατρέπεται σε μια ρυθμική νύξη που συνοδεύει τον αναγνώστη σε όλο το πρώτο μέρος του βιβλίου, όπου η υλικότητα των δρόμων μεταφράζεται σε μια νοερή εμπειρία της σταδιακής εμβύθισης στη δίνη της ρευστής γεωμετρίας τους, δηλαδή σε έρημους, ενίοτε βρεγμένους δρόμους που απλώνονται, διασταυρώνονται, συγκλίνουν, αποκλίνουν ή καμπυλώνουν, οριοθετημένοι από τις προσόψεις των κτιρίων της ήσυχης πόλης που πλαισιώνουν και αναπλαισιώνουν τον ουσιαστικά στρεβλό χώρο της εικόνας.

Το πρώτο μέρος του βιβλίου παρέχει το φυσικό και νοηματικό πλαίσιο για ένα δεύτερο, εξίσου σημαντικό μέρος· ένα μέρος το οποίο διαπερνά την πορώδη επιφάνεια των δημόσιων προσόψεων των κτιρίων κατευθυνόμενο προς τον πυρήνα του αστικού διαμερίσματος, όπου οι ανώνυμοι ένοικοί του ποζάρουν για τον φακό του Κοιλαλού με έναν αφοπλιστικά χαλαρό τρόπο, δελεαστικό και ταυτόχρονα αποκαλυπτικό του υπαρξιακού δράματος που προκάλεσε η επιβεβλημένη κοινωνική απομόνωση. Αυτή η εξέλιξη είναι σημαντική για διάφορους λόγους και σε πολλαπλά εννοιολογικά, συμβολικά και δομικά επίπεδα. Πρώτον, η ενεργητική διείσδυση του Κοιλαλού στο συμπαγές «φαινόμενο» της αρχιτεκτονικής πρόσοψης και από τις δύο πλευρές του ορίου –το «έξω» του δημόσιου δρόμου και το «μέσα» του ιδιωτικού διαμερίσματος– συγκεκριμενοποιεί και καθιστά απτή την καταλυτική παρουσία αυτού το σημαντικού συνόρου στη ζωή της πόλης. Παρατηρούμενο από τον δημόσιο χώρο της πόλης, το κυματιστό όριο των προσόψεων βιώνεται ως μια δυνητικά διαπερατή, αμφίδρομα επικοινωνιακή, αλλά ελάχιστα αποκαλυπτική επιφάνεια, ένα κοινό περιβαλλοντικό γνώρισμα του μεσογειακού δρόμου. Στις ανάγλυφες, ανομοιογενείς και διάστικτες με υφές επιφάνειες του ορίου συμπυκνώνεται και καθρεπτίζεται η πλούσια πολιτισμική ιστορία της –σε μεγάλο βαθμό– απρογραμμάτιστης αστικής ανάπτυξης της Αθήνας, που έχει γνωρίσει διεθνή καταξίωση για τον μεικτής χρήσης, μεσαίας κλίμακας και υψηλής πυκνότητας αστικό ιστό της. Στον πυρήνα του αθηναϊκού αστικού ιστού, βρίσκεται η πολυκατοικία, το γνώριμο πολυώροφο κτίριο κατοικιών, που αντιστοιχεί σε ένα ανθεκτικό και ευπροσάρμοστο μοντέλο αστικής ανάπτυξης, το οποίο, μέσα από δημιουργικούς πειραματισμούς πάνω σε βασικά τυπολογικά και μορφολογικά θέματα, απαντά σε αμέτρητες παραλλαγές που χαρακτηρίζουν την περίπλοκη μορφοκλασματική δομή της νεοελληνικής πόλης. Ιδωμένο από το εσωτερικό των διαμερισμάτων, το μεταβλητό όριο των προσόψεων φαίνεται να περιβάλλει προστατευτικά τις καθημερινές συνήθειες ενός νέου, θαρραλέου κόσμου οικιακής ζωής –ευτυχώς προσωρινού, πλην όμως υπαγορευμένου από τις σκληρές συνέπειες και τις αυστηρές προτεραιότητες της πανδημίας– όπου πλήθη ανορθόδοξων σεναρίων κατοίκησης εκτυλίσσονται κατά τ' άλλα ομαλά... Ο Κοιλαλούς ανατέμνει το τελετουργικό αυτής της απομονωμένης, αυτόνομης οικιακής ζωής παρακολουθώντας διακριτικά τους Αθηναίους να «ζυγίζουν» τις νέες πραγματικότητές τους. Οι εμβριθείς οντολογικές μελέτες του συμπληρώνονται περιστασιακά με προσεκτικά επιλεγμένες λεπτομέρειες· *gros plans* σε στοιχεία του περιβάλλοντος εσωτερικού χώρου, όπως στο γυάλινο βάζο με το μοναδικό λευκό τριαντάφυλλο, στην κορνίζα με τη φωτογραφία του αγαπημένου σκύλου, στα κλειδιά που κρέμονται στην κλειδαριά της εξώπορτας ή, πιο καίρια, στις οικογενειακές φωτογραφίες του κατάκοιτου ηλικιωμένου, τα ξύλινα κάδρα των οποίων είχαν σκαλιστεί στο χέρι από συγκρατούμενούς του, όσο βρισκόταν σε πολιτική εξορία, μια δραματικά διαφορετική μορφή περιορισμού.

Αυτές οι μεγεθυμένες λεπτομέρειες –με τον έντονο κόκκο του φιλμ– λειτουργούν ως κρίσιμα σημαίνοντα μιας υπαρξιακής κρίσης –ενίοτε εννοούμενης με έναν ανησυχητικά κυριολεκτικό τρόπο– και του σχετικού συναισθηματικού αδιεξόδου που εκδηλώνεται έντονα στις φωτογραφικές ανασυνθέσεις της οικιακής καθημερινότητας από τον Κοιλαλού. Εδώ κι εκεί, μια μπαλκονόπορτα στο φόντο προσφέρει υπό όρους κλεφτές ματιές στο αστικό τοπίο που κείται ακίνητο πίσω από τη μισοτραβηγμένη κουρτίνα –ένα διακριτικό μοτίβο στη δουλειά του Κοιλαλού– και έξω από το παράθυρο, μέσα σε μια υπερβατική σιωπή. Στο ενδιάμεσο ενός αναβαπτισμένου «μέσα» και ενός εκτός ορίων «έξω», οι μεταιχμιακοί χώροι του παραθύρου και του μπαλκονιού γίνονται τόποι γνωσιακής και συναισθηματικής επαναξιολόγησης, ακόμη και χώροι αντίστασης. Η στωική αφήγηση αυτής της ενότητας διακόπτεται από φωτογραφίες κατοίκων της πόλης στην ταράτσα της πολυκατοικίας τους, έναν κατ' όνομα κοινόχρηστο χώρο που δεν έχει ακόμη βρει τον ρόλο του στη ζωή της σύγχρονης πόλης. Εδώ ακριβώς, σε αυτήν την αμφίσημη ενδιάμεση επικράτεια, είναι που ο Κοιλαλούς διαπραγματεύεται την οριακή συνθήκη της πρόσοψης ως τη σκηνή μιας παράξενης και εύθραυστης συμβίωσης. Εδώ, το παρασκήνιο της αστικής ζωής έρχεται στο προσκήνιο και η οικιακή ιδιωτικότητα συγχωνεύεται με τον δημόσιο χώρο μεταμορφώνοντας αυτό το χωρικό όριο σε έναν κατεξοχήν πολιτικό χώρο. Η διαλεκτική του μέσα και του έξω μεταμορφώνει τη *répétition différente* των αθηναϊκών δρόμων και το ενδιάμεσο του μπαλκονιού σε μια απρόβλεπτη επιφάνεια διεπαφής, όπου σταδιακά αποκρυσταλλώνεται η επίγνωση σχετικά με τον περιορισμένο χώρο του εαυτού σε αντιπαραβολή με την ανοιχτότητα του δρόμου, μια επιφάνεια «επώδυνη κι από τις δύο πλευρές»[15] του ορίου που αντηχεί την υπόσχεση μιας υπό αίρεση περιορισμένης ελευθερίας.

Στην ουσία, η ιδιοσυγκρασιακή αφήγηση του βιβλίου, αυτός ο δεξιοτεχνικός συνδυασμός άδειων δρόμων και κατοικημένων διαμερισμάτων που εκτείνεται σε όλη την πόλη, παρουσιάζει εκλεκτικές συγγένειες με την τεχνική του μοντάζ, όπου το νόημα δεν προκύπτει προσθετικά, μέσα από μια γραμμική αλληλουχία εικόνων, αλλά από το πολλαπλασιαστικό αποτέλεσμα μιας συνειδητά συνδυαστικής αφήγησης στα πρότυπα του «μοντάζ των έλξεων» της κινηματογραφικής γραφής του Sergei Eisenstein. Η ουσιωδώς ουμανιστική ποιότητα που προκύπτει χάρη σε αυτή τη διαλεκτική συνύπαρξη εξαγνίζει το έργο του Δημήτρη Κοιλαλού από τους απειλητικούς συνειρμούς του αστικού ανοίκειου και χαρίζει στις συναισθηματικά φορτισμένες εικόνες του μια ονειρική ποιότητα, καθιστώντας τες μια φωτογραφική ωδή στη μελαγχολική ασάφεια ενός αληθινά αθηναϊκού ονείρου.

Αθήνα, Μάιος 2024

1	Baudelaire, Ch. (1992). «Rêve parisien (Παρισινό όνειρο)». Στο Ch. Baudelaire. *Τα άνθη του κακού* [Τόμος Πρώτος]. Αθήνα: Εκδόσεις Γκοβόστη, 233.	8	Kostof, Sp. (1992). *The City Assembled: The Elements of Urban Form through History*. London: Thames & Hudson, 195–197.
2	Foucault, M. (2012). «Άλλοι χώροι». Στο M. Foucault, *Ετεροτοπίες και άλλα κείμενα*. Αθήνα: Πλέθρον, 255–270.	9	Άρεντ, Χ. (2008). *Η ανθρώπινη κατάσταση (Vita Activa)*. Αθήνα: Γνώση, 272–289.
		10	Baudelaire, Ch. (2018). *Ο ζωγράφος της μοντέρνας ζωής*. Αθήνα: Εκδόσεις Παπαδόπουλος, 39.
3	Kracauer, S. (1995). *The Mass Ornament: Weimar Essays*. Cambridge, Massachusetts & London, England: Harvard University Press, 47–64.	11	Μπωντλαίρ, Σ. (1985). *Η Μελαγχολία του Παρισιού*. Αθήνα: Ερατώ.
		12	Freud, S. (2019). *Το Ανοίκειο*. Αθήνα: Πλέθρον.
4	Norberg-Schulz, Chr. (1974). *Existence Space and Architecture*. New York & Washington, Praeger Publishers, 10, 12, 17–18, 27–33.	13	Vidler, Anth. (1996). *The Architectural Uncanny: Essays in the Modern Unhomely*. Cambridge, Massachusetts; London, England: The MIT Press, ix.
5	Bruno, G. (2008). «The Art of Viewing: Film, City Views, and the Geography of Modernity». Στο A. Marcus & D. Neumann (επιμ.). *Visualizing the City*. London & New York: Routledge.	14	Simmel, G. (2017). «Οι μεγαλουπόλεις και η διαμόρφωση της συνείδησης». Στο G. Simmel. *Μητροπολιτική αίσθηση*. Αθήνα: Άγρα, 31–56.
6	Μερλώ-Ποντύ, Μ. (2016). *Φαινομενολογία της Αντίληψης*. Αθήνα, Νήσος, 438–439.	15	Bachelard, G. (1982). *Η ποιητική του χώρου*. Αθήνα: Εκδόσεις Χατζηνικολή, 242.
7	Heidegger, M. (2008). *Κτίζειν, Κατοικείν, Σκέπτεσθαι*. Αθήνα: Πλέθρον, 53.		

Ὁδὸς Ἑρμιόνης ΑΘΗΝΑ 11635

Οδός Λάμπρου Κατσώνη ΑΘΗΝΑ 11471

Rêve athénien

by Stavros Alifragkis, architect

*Non d'arbres, mais de colonnades / Not trees, but colonnades
Les étangs dormants s'entouraient / Surrounded the dormant ponds*[1]

Art uniquely fosters the potential for eloquently communicating the fine grain of historical experience all the while critically reflecting the social and political milieu within which we strive to choreograph our daily routines, as gracefully and meaningfully as possible. The emplaced space of the canvas, as well as the space of lived experience that arises as a tangible possibility in the context of an art installation or a happening, represent realised utopias in the Foucauldian sense of the term;[2] they expose real spaces, the realm of everydayness, where our realities habitually unfold, as rigid terrains of ceaseless existential exploration. Photography in particular, with its characteristic aptness for harbouring social memory inscribed in humanmade landscapes, as German cultural critic Siegfried Kracauer convincingly argues,[3] has managed, over the course of time, to sharpen the rhetorical tools for capturing and re-constructing spaces, not as absolute Euclidean geometries or Cartesian three-dimensional planes, but as dynamic environments that reverberate the totality of human existence, i.e., as existential spaces that become concretised in the very structure of the architectural spaces that envelop us all. According to Norwegian architect and architectural theorist Christian Norberg-Schulz,[4] our 'being in the world' is more accurately expressed through relatively stable environmental schemata (i.e., culturally determined experiences with things) – or environmental images (i.e., mental pictures of the exterior physical world) – that comprise both abstract (topological or geometrical elements) and concrete (environmental elements) properties. His diagnostic analysis of the elementary structure of existential space may be reduced to a catalytic triptych: 'proximity' (centres & places), 'continuity' (directions & paths) and 'enclosure' (areas & domains). These recast the experience of our '"cognitive" world of abstract relations' as a comprehensive, coordinate, structured and therefore meaningful totality that reverberates across spatial hierarchy, from the geographical level to the landscape, the urban level, the house, and, finally, the thing. Yet, in spite of the fact that certain divisions and delimitations are always present – despite modernity's preference for '"neutral" flowing spaces' – between the micro-scale of the thing to the mega-scale of geography, existential space describes a unique state of simultaneous totality, where each level seamlessly reflects and is embedded in all the others. Ambiguity and even conflict are, therefore, two of the constituent realities of the experience of super-modernity. Of particular relevance to our investigation is the complex and dynamic interaction between domestic interiors (i.e., the level of the house) and streets (i.e., the urban level).

The active visual inquiry into the latter has outlined a field of creative experimentation with the communicative power of diverse representational media as early as the 17th century, originally in the form of the finely detailed – but not necessarily geographically accurate – art of *vedutismo*; a painterly tradition that, alongside charts and maps, fuelled the urban imaginary with a particularly modern way of appreciating the city through meticulously choreographed vistas of street life.[5] Drawing upon the ideological and epistemological implications of Renaissance perspectival space, *vedute* effectively utilised depth, the most 'existential' spatial dimension according to French philosopher Maurice Merleau-Ponty,[6] as a potent narrative mechanism, a spatial story-telling technique that lures the unsuspecting spectator into the microcosm of hectic urban life. In Merleau-Ponty's phenomenology of perception, the concept of depth – i.e., 'the juxtaposition of simultaneous points in one direction which is that of my gaze' – represents 'a certain indissoluble link' between the physical world and the self, thus playing a fundamental role in his description of an ontology of the 'flesh'. Depth compels us to engage in the material reality of our world through our bodily existence and, thus, forces us to challenge any preconceived ideas about this world. This transfiguration of perspectival space into existential space, i.e., locales that endow spaces with their essential being in the Heideggerian perspective,[7] has been a constituent constant of modern artistic endeavour, exemplified in the suggestive treatment of depth in art, whose malleable expressiveness can perhaps be more readily appreciated in the manipulation of the depth of field in architectural or street photography. In this sense, depth allows us to 'inhabit' the photograph's invisible 'decisive moment', thus transforming the two-dimensional spaces of the photographic paper into places of inclusion and situatedness, i.e., loci of essential relatedness to the world. Yet, for Martin Heidegger, the notion of place is inextricably tied to an unremitting negotiation between place, or *topos*, and boundary, considered here both as surface and as space. In this instance, street façades, the threshold spaces of the window and the balcony in particular, serve, as will become evident later on, as the critical battlefield, so to speak, of a relentless existential search for identity and belonging.

The outbreak of the COVID-19 pandemic became a worldwide anxiety in early 2020 and rapidly evolved into the predominant regulating factor of our lives well until May 2023, when the World Health Organisation officially ended the global state of emergency. As historians quite rightly point out, humanity had faced similarly challenging phenomena before, though on a radically different scale and certainly without the catalytic mediation of mass and social media. During the pandemic, a cataclysmic outpour of graphic imagery communicated on the fly aspects of the disruption of urban life and the corresponding threat posed to the cohesion of urban societies around the world, whose only previous experience with such extreme conditions of exemption had been through dystopic science-fiction novels or post-apocalyptic movies dealing with popular subject matters, such as human-induced environmental catastrophes and mysterious fatal diseases. The contested biopolitics of the ensuing social restriction measures – culminating in the mass quarantine strategy, the so-called 'lockdown', and the policing of the streets and other open-air public spaces for any breaches of the stay-at-home mandate – transcribed in manifest spatial terms the multiple layers of intertwined power relations of politics, science and even religion. Their global repercussions on civic societies and the quality of our democracies are still debated and so is their lasting effect on the exceedingly multifaceted actualities of collective living in the contemporary city. The singular, intangible and ephemeral imprint of the emerging epidemic on the city gave birth to an uncharted mental (i.e., the unexplored repercussions of social distancing and self-confinement to the mind) and physical (i.e., the defamiliarizing experience of the quiet, empty city) territory, whose unfamiliar attributes gradually became demystified by the widely disseminated photographic record that profusely documented the new reality as it began to set in. In that instance, as well as with other milestones in the timeline of the human condition, images functioned both synchronically, as historical documents, and in a diachronic light, as agents of historical conscience, i.e., capturing the fleeting atmosphere of the 'decisive moment' – à la Henri Cartier-Bresson – in addition to offering ways of collectively revisiting our recent past for meditative contemplation in the 'reflective' depositories of memory, to paraphrase American poet, medical professor and amateur photographer Oliver Wendell Holmes's famous postulation from the 1850s.

One runs the risk of erroneously assuming that the plethora of such visual accounts and their intrinsic role in shaping collective memory leave little room for creative retrospection or poetic reflection on the matter at hand, as both require a certain distancing from the historic event and its specific, dire circumstances. Indeed, it could be said that artistic expression flourishes in the creases and folds of life, the *plis* of quotidian toil, where the continuity of space and the linearity of time are momentarily suspended, thus allowing for the processing of reality *in abstracto*, while the self-conscious thinking subject oscillates between two extremes: the individual and local on the one hand, and the collective and universal on the other hand. Yet, there are forms of creative reflexion that have, over time, adapted their expressive means and visual capabilities to effectively capture the flow of city life unawares and place the action *in media res*. This is particularly true in the case of street photography, where the space of the street becomes the phenomenological place for the essential unfolding of art. Ever since the dawn of modernity and the rise of metropolitan culture, street life has been the privileged field of theoretical and empirical investigation on various aspects of collective living for artists and thinkers alike. City streets had always performed several symbolic and pragmatic functions, not least serving as theatres of power[8] or, more aptly, as 'spaces of appearance'.[9] These are most commonly social spaces of gathering, where the community converges to express itself in an unmediated fashion and where the isolated identity of the individual emerges in unison from a society of equals. French public administrator Georges-Eugène Haussmann's extensive remodelling of Paris during the third quarter of the 19th century is responsible for yet another – eminently modern – experience of the urban street. It paved the way for the street-level aesthetic appreciation of the city by rebranding the street as a novel urban spectacle for the newly urbanised masses. The formal and ideological rehabilitation of 'the capital of the 19th century' stimulated manifold cultural responses, most markedly, the Baudelairean *flâneur*, whose itinerant cognitive practices across the urban terrain, with a special focus on the newly widened boulevards and the emerging typology of the arcade, infused street life with rejuvenated vigour.

It comes as no surprise that for Charles Baudelaire the ideal manifestation of *flâneurism* was to be found in Constantin Guys, a French peripatetic painter whose adventurous life could only be equalled by his keen eye for extracting 'from fashion whatever element it may contain of poetry within history'.[10] Guys encapsulates the paradigmatic roaming artist, a character type often to be found in the various accounts of art history as the heroic protagonist of modernity. Only a few short steps lie between Guys's sketchy renderings of Parisian life between the 1860s and the 1880s and the work of his compatriot, Eugène Atget's atmospheric street photography of the turn-of-the century and early 20th century Paris. Atget represents a different kind of response to the on-going modernisation campaign of the urban terrain, set in motion by Haussmann's compelling vision. A substantial part of Atget's work was dedicated to the portrayal of pre-revolutionary Paris (see, e.g., the 'vieux Paris' series), seemingly under threat from the rigorous urban reconstruction, despite the growing awareness of the times about the city's rich but neglected historical legacy, voiced by such celebrities as Victor Hugo, whose *Notre-Dame de Paris* (1831) may be construed as an indirect argument for the preservation of Gothic architecture. Atget's lifelong devotion to archaic technical equipment rendered literally impossible the registration of bursting street life on his glass plates. The remarkable result of his artistic endeavours amounts to an impressive array of street views, usually devoid of any life whatsoever, that nonetheless elicit a strong emotional response even from contemporary audiences. Atget's street-level views of Paris captured early in the morning, while the city was still veiled by an ethereal, moist atmosphere, convey an almost tangible melancholy that echoes, to some extent, the urban imagery of Baudelaire's *Le Spleen de Paris*, dating from 1869.[11]

Atget's nostalgic immortalisation of the empty streets of Paris could not be further removed from the striking eeriness and uncanniness that we have come to associate with the stereotypical representations of doomsday urban environments, epitomised in popular escapist literature and cinema. Rooted in Sigmund Freud's 1919 study,[12] the uncanny has often been considered with reference to other anxieties aroused by the labyrinthine cityscapes of modernity,[13] German sociologist Georg Simmel, and to a certain extent his fellow countryman Walter Benjamin, would have most certainly consented to the idea that the overall experience of the modern metropolis adds up to a relentless assault on the senses and the psychology of the urban dweller due to the rapidly and perpetually renewed outer and inner stimuli.[14] Yet, when the surplus of such stimuli recedes and street life becomes reduced to an endless repetition of vanishing points in the distant horizon, as was the case with the varying depictions of the city in the recent pandemic, the sense of placelessness associated with the uncanny takes centre stage and the condition of exemption overreaches the realm of fantasy and becomes the main story of our novel, augmented reality.

Demetris Koilalous, an itinerant photographer par excellence, roamed the city of Athens during the lockdown. Similarly to his distant 'comrades in arms' such as Guys and Atget, he too would embark on his poetic visual survey of the modern urban fabric early in the morning and would continue with his analytical probing well until the sun disappeared behind Mount Aigaleo, materialising in the process the creative geography of a private city. Propelled by the genuine curiosity of the adventurous explorer who traverses the mythical topography of an ambiguous domain and armed with a deep sense of purpose originating from his acute realisation of the historical significance of the moment, Koilalous meticulously assembled in the short space of 42 days a rare visual chronicle of the pandemic's curious impact on the daily rituals of urbanity in Athens along three main interlocking storylines: satellite images sourced from Google Maps, street views and portraits of city dwellers inside their apartments. A fourth, timidly explored subplot, i.e., images of deserted supermarket aisles rendered in colour, creates a visual counterpoint to the formal depiction of the Athenian street. Invariably lined with parked cars and scarcely interspersed with trees, the desolate streets of the Greek capital are photographed with outstanding sensitivity from an eye-level point of view and in a slightly off-axis perspective that accentuates the linearity of the theme and draws our gazes deep into the backdrop of the compressed urban horizon. This distinguishable formal pattern, evocative of an agitated equilibrium between the lifeless street and the domestic life that continues to unravel behind the solemn street façades, becomes a rhythmical cue that escorts the audience throughout roughly the first half of the book, where the materiality of the street translates into whirlpooling geometries of processional immersion, i. e., empty, occasionally wet roads that unwind, intersect, converge, split or curve, delineated by the façades of the quiet city that frame and reframe the fundamentally warping space of the picture.

The former part of the book provides the physical setting and the situational context for a second, equally crucial segment, one that cuts through the porous boundary of the street façade and decisively enters the nucleus of the urban apartment, where anonymous urbanites pose for Koilalous in a disarmingly relaxed manner – one that exudes surprisingly inviting overtones – and yet alarmingly revealing of the existential drama involved in imposed social isolation. This breakthrough is significant for several reasons and on multiple conceptual, symbolic and structural levels. First, Koilalous's active probing into the dense phenomenon of the architectural façade from either side of the boundary – the public street and the private apartment – concretises and renders tangible its catalytic presence in the life of the city. Observed from the outside, the undulating boundary of the façade is experienced as a potentially penetrable, semipermeable yet mostly unforthcoming screen, a common environmental feature of the Mediterranean street. Its textured, uneven and granular surfaces condense and mirror the rich cultural history of Athens's irregular urban development that recently has been gaining international praise for its mixed-use, mid-rise, high-density urban fabric. At the very core of this model, there exists the Athenian *polykatoikia*, the multilayer residential building that corresponds to a resilient and adaptive format of urban growth, whose perpetual execution through creative experimentation with basic typological and morphological themes and countless variations determines the complex fractal-like structure of the Greek city. Contemplated from the inside, the malleable limit of the façade encloses with protective attentiveness the daily routines of a new brave world of domestic life – fortunately a provisional one that was nevertheless dictated by the harsh consequences and inflexible priorities of the pandemic – where multitudes of unorthodox habitation scenarios unwind otherwise uneventfully… Koilalous dissects the rituals of this isolated, self-contained domesticity by tactfully witnessing several Athenians as they deliberate their recently installed realities. His profound ontological studies are occasionally complemented by carefully composed details; close-ups and extreme close-ups that concentrate on the surrounding interior habitat, such as a glass vase with a single white rose, a framed picture of a dog, a set of keys hanging from the lock on the front door or, most crucially, a set of family pictures of the bedridden elderly, whose wooden frames had been hand-carved by his fellow inmates whilst he was in political exile – a dramatically different brand of containment. These grainy blow-ups function as crucial signifiers of an existential crisis – at times meant in a disconcertingly literal way – and of a corresponding emotional impasse that is manifest in Koilalous's photographic reconstitutions of domestic informality. The occasional *porte-fenêtre* in the background offers conditioned half-glimpses of the urban landscape that lies motionless behind the half-drawn curtain – a crucial leitmotif of Koilalous's work – and beyond the window, dimmed in transcendental silence. Mediating between a rebaptised inside and an out-of-bounds outside, the borderline spaces of the window ledge, the balcony doorstep and the balcony itself become loci of cognitive and emotional revaluation, even spaces of resistance. Their stoic narration is punctuated by photographs depicting Athenians populating the flat roof of their *polykatoikia*, a nominally communal space that is yet to find a significant role in the life of the contemporary city. It is precisely here, along the ambiguous territory of the in-between, that Koilalous negotiates the liminality of the street façade as the scene of a curious and fragile cohabitation, where the background of urban life becomes centre stage and where domestic life merges with the public realm in ways that transform this spatial limit into a par excellence political space. Koilalous's dialectics of inside and outside transform the *répétition différente* of the Athenian street façade and the interstice of the balcony into an erratic interface of escalating awareness about the constricted space of the self, cast against the openness of the street, a surface that can only be 'painful on both sides'[15] as it resounds the promise of a provisionally restrained freedom.

In effect, the idiosyncratic narrative of the photobook, this virtuoso interweaving of void streets and inhabited apartment interiors spanning across the city, demonstrates eclectic affinities with the technique of montage, where meaning is obtained not as an additive succession of linearly correlated tableaux but as the multiplying effect of a conscious combination of Eisensteinian 'attractions'. The essentially humanistic quality that emerges by virtue of this discursive cohabitation cleanses Demetris Koilalous's work from the menacing connotations of the urban uncanny, and bestows his emotionally charged images with a particularly dreamy quality, a photographic ode to the melancholic haziness of a truly Athenian dream.

Athens, May 2024

1. Baudelaire, Ch., & Kinsella, J. (2008). 'Rêve parisien (Parisian Dream)'. *The Kenyon Review*, 30(4), 34–36.
2. Foucault, M. (1998). 'Different Spaces'. In J.D. Faubion (ed.). *Michel Foucault – Essential Works, 1954–1984. Volume 2: Aesthetics*. London: Penguin Books, 175–185.
3. Kracauer, S. (1995). *The Mass Ornament: Weimar Essays*. Cambridge, Massachusetts & London, England: Harvard University Press, 47–64.
4. Norberg-Schulz, Chr. (1974). *Existence Space and Architecture*. New York & Washington, Praeger Publishers, 10, 12, 17–18, 27–33.
5. Bruno, G. (2008). 'The Art of Viewing: Film, City Views, and the Geography of Modernity'. In A. Marcus & D. Neumann (eds). *Visualizing the City*. London & New York: Routledge.
6. Merleau-Ponty, M. (2002). *Phenomenology of Perception*. London & New York: Routledge, 255–256.
7. Heidegger, M. (1993). 'Building Dwelling Thinking'. In M. Heidegger & D.F. Krell (ed.). *Martin Heidegger: Basic Writings*. London; Toronto; Sydney; New Delhi; Auckland: Harper Perennial, 356.
8. Kostof, Sp. (1992). *The City Assembled: The Elements of Urban Form through History*. London: Thames & Hudson, 195–197.
9. Arendt, H. (1958). *The Human Condition*. Chicago: University of Chicago Press.
10. Baudelaire, Ch. (1964). *The Painter of Modern Life and Other Essays*. New York: Phaidon Press, 12.
11. Baudelaire, Ch. (2023). *Paris Spleen*. London: Alma Books.
12. Freud, S. (1919). 'The Uncanny'. In J. Strachey (ed.). *The Standard Edition of the Complete Psychological Works of Sigmund Freud*, vol. XVII. London: The Hogarth Press, 219–252.
13. Vidler, Anth. (1996). *The Architectural Uncanny: Essays in the Modern Unhomely*. Cambridge, Massachusetts; London, England: The MIT Press, ix.
14. Simmel, G. (1950). 'The Metropolis and Mental Life'. In K.H. Wolff (ed.). *The Sociology of Georg Simmel*. Glencoe, Illinois: The Free Press, 409–424.
15. Bachelard, G. (1994). *The Poetics of Space*. Boston, Massachusetts: Beacon Press, 218.

From the first moment I began taking photographs during the 42-day lockdown in 2020, I knew I wanted to gather these images into a book that would function as a reference photo archive. In the aftermath of the pandemic, as memories began to fade away, the idea of creating a book based on the photos of those days returned, albeit in a somewhat different form. My original intention was to put together 200 handmade copies in Greek. Ultimately though, at the suggestion of my publisher Klaus Kehrer, I decided to create a larger and more complex book, with texts and additional visual material, aimed at a broader audience since the quarantine and the pandemic had now become a collective experience. It took over two years to organise the photographic material and decide the structure and the content of the book before reaching its final form. Therefore, first of all, I want to thank my publisher, who supported my idea, engaging in detailed discussions about each new proposal that I brought to him. /// The entire book was photographed on film, initially using a Rolleiflex camera with a special mask I constructed myself in a 6x7 format, and later – when my lens was damaged beyond repair while I was photographing – I moved to using a Mamiya 6x7 camera kindly lent to me by my friend and colleague Athena Kazolea. I am deeply grateful to her for this. Her support was crucial to completing this project. The supplementary photos of curtains in interior spaces and supermarket aisles were photographed in colour after the lockdown, once the book's narrative was finalised. The supermarket photos were taken at AB Vassilopoulos stores. I thank the company for allowing me to make these images. /// I discussed the book thoroughly with my friend Makis Faros. Thanks to his insightful observations, I revisited all the material and the narration with a fresh perspective. Moreover, Makis takes credit for the script and the direction of all the supporting videos. I am obliged to him for all his support and help. /// Poet Titos Patrikios not only honoured me by agreeing to let me include a section of his poem 'The House', but he also handed it to me in a handwritten form, especially for this book. There could be no better way to make the visual transition from the outer shell of the city to the interior of the houses – the human cells of the city. I am deeply grateful to him for this contribution. /// Matoula Skaltsa raised my spirits during challenging times, offering important ideas with her constructive and generous thinking. Stavros Alifragkis, who wrote the excellent essay that accompanies the book, introduced new perspectives in a wonderful lyrical language, revealing some of my own hidden thoughts. His text inspired small but crucial changes in the flow of the images and the overall narration of the book, adding a new dimension to the work. I thank them both warmly. /// Katerina Stamatopoulou provided several designs of the booklet with Edgar Allan Poe's short story 'The Mask of the Red Death' until we reached its final version, seen in the book. I thank her not only for her excellent work and willingness to help, but especially for her patience! Finally, I want to thank my father who – at the age of 93 – patiently wrote by hand all the street names that appear under each photograph, Irini Sochoriti for her assistance at every stage of the book's promotion and Amalia Chappa for her outstanding translations into English, particularly that, of Titos Patrikios' poem. /// Finally, I want to express my gratitude to my wife Despina, not only for her excellent translations into Greek, but especially for her patience during the 42 days of the quarantine and throughout the four years of the book's preparation. This book is dedicated to her. /// The book would not have been possible without the people I photographed, whether or not they appear in this publication. They overcame the fear and insecurity of those days, opening their homes to me. Whether out of curiosity, a need for companionship during the lonely days of the quarantine, or an unconscious awareness of the historical significance of the moment, they participated, understanding that these photographs captured our unique and chaotic shared experience. My deepest thanks go to them.

Από την πρώτη κιόλας ημέρα που άρχισα να φωτογραφίζω στην πρώτη καραντίνα των 42 ημερών του 2020, μού ήταν ξεκάθαρο ότι ήθελα να συγκεντρώσω όλες αυτές τις φωτογραφίες σε ένα βιβλίο· σαν ένα φωτογραφικό αρχείο αναφοράς. Σχεδόν τρία χρόνια αργότερα, όταν ο απόηχος της πανδημίας είχε αρχίσει πια να σβήνει, η ιδέα για ένα βιβλίο που θα βασιζόταν στο φωτογραφικό υλικό εκείνων των ημερών επέστρεψε, αν και λίγο διαφορετική. Αντί για 200 χειροποίητα αντίτυπα στα ελληνικά, όπως είχα αρχικά κατά νου, αποφάσισα με παρότρυνση του εκδότη μου Klaus Kehrer να φτιάξω ένα μεγαλύτερο και πιο σύνθετο βιβλίο με κείμενα και επιπλέον υλικό, το οποίο θα κυκλοφορούσε σε ευρύτερη κλίμακα, αφού η καραντίνα και η πανδημία είχαν περάσει πια στο παγκόσμιο συλλογικό υποσυνείδητο. Η οργάνωση του υλικού και ο σχεδιασμός του βιβλίου —που άλλαξε πολλές φορές μέχρι να καταλήξει στην οριστική του μορφή— διήρκεσαν περισσότερο από δύο χρόνια. Επομένως, πρώτα θέλω να ευχαριστήσω τον εκδότη μου ο οποίος στήριξε την ιδέα μου, ακούγοντας και συζητώντας διεξοδικά και πολλές φορές κάθε νέα πρότασή μου. /// Το αρχειακό μέρος του βιβλίου φωτογραφήθηκε εξ ολοκλήρου με φιλμ: σε πρώτη φάση, με μια Rolleiflex με ειδική μάσκα, που κατασκεύασα ο ίδιος σε format 6X7, και σε δεύτερη φάση —όταν, κατά τη διάρκεια των φωτογραφίσεων, ο φακός μου έπαθε ανεπανόρθωτη βλάβη— με μια Mamiya 6X7 που μού δάνεισε η φίλη και συνάδελφος Αθηνά Καζολέα. Την ευχαριστώ πολύ γι' αυτό. Αυτή η δουλειά δεν θα είχε ολοκληρωθεί χωρίς τη βοήθειά της. Οι συμπληρωματικές φωτογραφίες με τις κουρτίνες στους εσωτερικούς χώρους και τους διαδρόμους των σουπερμάρκετ φωτογραφήθηκαν ξανά εκ των υστέρων σε έγχρωμη εκδοχή, όταν το βιβλίο είχε πάρει πια την τελική του μορφή και η τελική αφήγησή του είχε ολοκληρωθεί. Οι φωτογραφίες των σουπερμάρκετ τραβήχτηκαν στα AB Βασιλόπουλος. Ευχαριστώ την εταιρία που με διευκόλυνε να πραγματοποιήσω αυτές τις λήψεις. /// Με τον φίλο Μάκη Φάρο συζητήσαμε το βιβλίο πολλές φορές. Εκτός του ότι μέσα από τις πολύ εύστοχες παρατηρήσεις του ξαναείδα το υλικό και την αφήγηση με νέο μάτι και νέο ρυθμό, είναι εκείνος που βρίσκεται πίσω από το σενάριο και τη σκηνοθεσία όλων των υποστηρικτικών βίντεο. Τον ευχαριστώ θερμά για τη συμπαράσταση και τη βοήθειά του. /// Ο Τίτος Πατρίκιος όχι μόνο μού έκανε την τιμή να μού παραχωρήσει ένα τμήμα του ποιήματός του «Το Σπίτι», αλλά μού το παρέδωσε σε χειρόγραφη μορφή ειδικά για το βιβλίο μου. Δεν θα μπορούσε να γίνει καλύτερα η οπτική μετάβαση από τον εξωτερικό φλοιό —το κέλυφος— της πόλης στο εσωτερικό των σπιτιών —στα κύτταρα της πόλης. Του είμαι ευγνώμων για την ευγενική του παραχώρηση. /// Η Ματούλα Σκαλτσά με την εποικοδομητική και γενναιόδωρη σκέψη της μού αναπτέρωσε το ηθικό σε στιγμές δύσκολες και μού πρότεινε σημαντικές ιδέες, και ο Σταύρος Αλιφραγκής, ο συγγραφέας του εξαιρετικού κειμένου που συνοδεύει το βιβλίο, έθεσε με υπέροχο τρόπο νέες παραμέτρους βγάζοντας στην επιφάνεια κάποιες δικές μου, κρυμμένες ως τότε, σκέψεις. Στο κείμενό του οφείλονται κάποιες μικρές, αλλά ουσιαστικές, αλλαγές στη ροή των εικόνων, οι οποίες έδωσαν μια νέα διάσταση στο βιβλίο. Ευχαριστώ θερμά και τους δύο. /// Η Κατερίνα Σταματοπούλου σχεδίασε πολλές φορές το ένθετο βιβλιαράκι με το διήγημα του Edgar Allan Poe μέχρι να καταλήξουμε στην τελική μορφή του. Την ευχαριστώ, όχι μόνο για την προθυμία και την εξαιρετική δουλειά της, αλλά κυρίως για την υπομονή της μαζί μου! Τέλος, θέλω να ευχαριστήσω τον πατέρα μου ο οποίος, στα 93 του, είχε την υπομονή να γράψει τις χειρόγραφες λεζάντες των φωτογραφιών των δρόμων, την Ειρήνη Σοχωρίτη για τη βοήθειά της σε όλα τα στάδια της προώθησης του βιβλίου και την Αμαλία Χάππα για τις εξαιρετικές μεταφράσεις της στα αγγλικά (ειδικά για εκείνη του ποιήματος του Τίτου Πατρίκιου). /// Τέλος, θέλω να ευχαριστήσω τη σύζυγό μου Δέσποινα όχι μόνο για τις υπέροχες μεταφράσεις της στα ελληνικά, αλλά κυρίως γιατί κατάφερε να με αντέξει τις 42 ημέρες της καραντίνας και ακόμη περισσότερο τα τέσσερα χρόνια της προετοιμασίας του βιβλίου. Της το αφιερώνω. /// Αυτό το βιβλίο δεν θα είχε ξεκινήσει καν, αν όλοι όσους φωτογράφισα —είτε οι φωτογραφίες τους συμπεριελήφθησαν στο βιβλίο είτε όχι— δεν είχαν ξεπεράσει τον φόβο και την ανασφάλεια εκείνων των ημερών και δεν μού είχαν ανοίξει τα σπίτια τους. Ίσως από περιέργεια ή από την επιθυμία για συντροφιά στη μοναξιά εκείνων των ημερών, ίσως πάλι αντιλαμβανόμενοι —μάλλον ασυνείδητα τότε— την ιστορικότητα της στιγμής, αισθάνθηκαν ότι αυτές οι φωτογραφίες αποτυπώνουν αδιάψευστα το απίστευτο, αλλοπρόσαλλο, κοινό μας βίωμα και ότι οι ίδιοι ήταν μέρος του. Το μεγαλύτερο Ευχαριστώ μου πηγαίνει σε εκείνους.

I want to thank everyone who responded to my invitation to pre-purchase this book. By funding it, they also became significant contributors to this publication. Their names are listed below to acknowledge their generous support. By recording their names alongside these unprecedented and already forgotten aspects of the city – perhaps the only truly shared global experience of modern times – their identities are also woven into our collective memory as an integral part of the book.

Ευχαριστώ όσους ανταποκρίθηκαν στην πρόσκλησή μου να προαγοράσουν το βιβλίο. Χρηματοδοτώντας την έκδοσή του, έγιναν και οι ίδιοι με αυτόν τον τρόπο συντελεστές του. Τα ονόματά τους αναφέρονται εδώ, γιατί θέλω να τους ευχαριστήσω θερμά για τη γενναιόδωρη υποστήριξή τους. Ταυτόχρονα, με την καταγραφή των ονομάτων τους πλάι σε αυτές τις πρωτόγνωρες, και ήδη ξεχασμένες, όψεις της πόλης –ίσως, το μόνο κοινό παγκόσμιο βίωμα της σύγχρονης εποχής–, εντάσσεται στη συλλογική μνήμη και η ταυτότητά τους, ως αναπόσπαστο μέρος αυτού του βιβλίου.